AF588617

INSTITUT DE FRANCE

ACADÉMIE DES BEAUX-ARTS

NOTICE

SUR LA VIE ET LES TRAVAUX

DE

M. HENRI BOUCHOT

PAR

M. LE BARON EDMOND DE ROTHSCHILD

MEMBRE LIBRE DE L'ACADÉMIE

Lue dans la séance du 13 juin 1908

PARIS

TYPOGRAPHIE DE FIRMIN-DIDOT ET Cie

IMPRIMEURS DE L'INSTITUT DE FRANCE, RUE JACOB, 56

M D CCCC VIII

Héliog. Dujardin.

INSTITUT DE FRANCE

ACADÉMIE DES BEAUX-ARTS

NOTICE

SUR LA VIE ET LES TRAVAUX

DE

M. HENRI BOUCHOT

PAR

M. LE BARON EDMOND DE ROTHSCHILD

MEMBRE LIBRE DE L'ACADÉMIE

Lue dans la séance du 13 juin 1908

PARIS

TYPOGRAPHIE DE FIRMIN-DIDOT ET Cie

IMPRIMEURS DE L'INSTITUT DE FRANCE, RUE JACOB, 56

M D CCCC VIII

INSTITUT.
1908. — 12.

NOTICE

SUR LA VIE ET LES TRAVAUX

DE

M. HENRI BOUCHOT

PAR

M. LE BARON EDMOND DE ROTHSCHILD

MEMBRE LIBRE DE L'ACADÉMIE

Lue dans la séance du 13 juin 1908

L'insigne honneur que vous m'avez fait, Messieurs, de me juger digne de siéger au milieu de vous me crée le noble devoir de faire revivre aujourd'hui la mémoire de Henri Bouchot. C'est le plus bel hommage à lui rendre, après une carrière entièrement consacrée à la science, que de rappeler devant vous sa vie et ses œuvres.

Bouchot est né le 26 septembre 1849 à Beure, en Franche-Comté. Dès sa jeunesse, il en décrivait avec amour les aspects pittoresques, témoignant de son attachement à la terre qui l'avait vu naître. Il n'avait pas

20 ans quand la guerre l'appela sous les drapeaux. Il s'engage dans la garde mobile. A Villersexel, sous les ordres de Bourbaki, il se distingue par sa bravoure et, jusqu'à la fin de la guerre, il combat pour la défense de la patrie.

Puis, il reprend ses études en se destinant à l'École des Chartes. Il y est reçu en 1872, mais les duretés de l'existence le mettent dans l'impossibilité d'en suivre les cours. Son énergie au travail était trop profonde pour qu'il pût facilement se résigner à renoncer aux projets d'avenir qu'il avait formés. Il lutte contre l'adversité et a le courage d'accepter la situation modeste, mais honorable de répétiteur à l'institution Massin. En 1874, reçu pour la deuxième fois à l'École des Chartes, il peut enfin y entrer.

A sa sortie de l'École, il obtient une place au Cabinet des Estampes de la Bibliothèque Nationale qu'il ne devait plus quitter et où il succédera plus tard à Duplessis comme conservateur en chef. A partir de cette époque, il n'y a plus à signaler dans sa vie que les livres qu'il publie et les recherches auxquelles il se consacre avec tant d'ardeur.

Les difficultés matérielles contre lesquelles il eut à lutter avaient donné une forte trempe à son esprit comme à son caractère. Mais pour Bouchot, comme pour la génération qui avait combattu en 1870, la guerre fut la véritable éducatrice. Les hommes de cette époque en furent tous marqués d'une empreinte particulière, et les souffrances de la patrie augmentèrent chez eux la profonde affection qu'ils lui portaient. Toute la carrière de Bouchot se ressentit de ces impressions de jeunesse. Il voulut consacrer sa vie à une œuvre utile au pays, et il pensa que rechercher dans le domaine de l'art ce qui peut mettre en relief son passé artistique, c'était contribuer à relever le prestige de la France. Cette tendance de son tempérament se manifeste nettement dans tous ses livres. Son ardeur parut-elle l'entraîner parfois plus loin qu'il ne convenait à l'impartialité du savant? Certains l'ont prétendu. Quoi qu'il en soit, si passionnée que soit son argumentation, il l'appuie sur des textes si bien choisis qu'il nous fait accepter ses vues nouvelles.

Ses travaux sont considérables. Beaucoup sont des monographies ou des livres de vulgarisation, mais si pleins qu'ils soient de faits intéressants, d'aperçus personnels, de détails si précis et si minutieux que l'auteur semble avoir vécu en quelque sorte aux époques qu'il évoque, leur richesse de documents n'est pas leur seul intérêt. Que Bouchot publie des notices sur les Clouet et Corneille de Lyon ou Marguerite de Rohan, qu'il nous mène à la cour de Catherine de Médicis, qu'il décrive ces croquis merveilleux du XVIe et du XVIIe siècles que nous admirions l'année dernière à l'exposition de la Bibliothèque Nationale, qu'il nous fasse connaître les dessins exécutés pour Roger de Gaignières, nous trouvons chez lui, à travers tant d'œuvres diverses, une même idée directrice : remettre en honneur les noms méconnus des grands artistes français.

C'est seulement plus avant dans la vie, quand les années eurent mûri son esprit et fixé ses idées, qu'il se sentit à même de donner la mesure de ses connaissances et d'entreprendre un travail d'ensemble qu'un savant tel que lui pouvait seul espérer mener à bonne fin.

Portant ses études sur le moyen âge, il veut retracer les phases par lesquelles passèrent les arts à leurs débuts et indiquer la part importante qu'a prise la France à leur développement.

Les documents concernant les collections de Charles V que publia M. Léopold Delisle, ce grand directeur de la Bibliothèque Nationale, avaient attiré l'attention sur ces temps délaissés du moyen âge.

Courajod, avec l'intuition d'un véritable savant, avait le premier tracé la voie aux études de cette grande époque. Bouchot a creusé le sillon qu'il avait ouvert. Jugeant que c'était la période la plus brillante à mettre en lumière, il résolut d'y consacrer sa vie de travailleur, mais il comprit qu'il fallait procéder avec méthode et qu'avant d'entreprendre une histoire générale, il était nécessaire de faire une étude complète de chaque art en particulier. C'est vers la gravure qu'il porta ses premières investigations. Il y était plus préparé par les connaissances qu'il avait acquises à la Bibliothèque Nationale, dont il conservait la précieuse collection d'estampes.

Ses prédécesseurs au Cabinet des Estampes, qui ont laissé tant d'admirables pages sur l'histoire de la gravure, ne se sont guère souciés d'établir chez quel peuple elle naquit et à quel moment elle apparut pour la première fois. Pour le vicomte Delaborde, épris des primitifs italiens, la question esthétique est la plus importante. Après lui, Duplessis, servi par de vastes connaissances, décrivit surtout les œuvres de nos éminents graveurs du XVIe et du

XVIIe siècles. Bouchot s'attaque hardiment au problème des origines.

Ses travaux sur la gravure sont contenus dans deux ouvrages dont les titres modestes ne laissent pas supposer l'importance : « *Les 200 incunables xylographiques du département des estampes de la Bibliothèque Nationale* » et « *Un ancêtre de la gravure sur bois, étude sur le bois Protat* ». Ce bois Protat est le plus ancien bois connu ; il venait d'être découvert lors de la démolition d'une vieille masure. C'est dans ces deux livres que Bouchot fait en maître une histoire de la gravure primitive, et il fut le premier à dissiper l'obscurité qui entourait ses origines ainsi que les diverses phases de son développement.

Je dépasserais, Messieurs, le cadre de cette notice si je donnais par le détail les preuves sur lesquelles Bouchot s'appuie pour réfuter les théories acceptées jusqu'alors. Permettez-moi pourtant de retenir quelques instants votre attention sur les idées principales et les déductions si judicieuses qu'il sait tirer des documents parvenus jusqu'à nous.

Tandis que l'Allemagne et l'Italie se disputaient l'honneur d'avoir inventé la gravure, la France n'était jamais mentionnée dans les écrits les plus autorisés. Le caractère gothique des premières estampes suffisait pour les rattacher à l'inspiration germanique.

Il importait, avant tout, de fixer la date probable de l'invention. Pendant longtemps, acceptant la théorie de Vasari, le monde savant l'avait attribuée à Finiguerra qui, en 1452, avait tiré des épreuves sur papier de sa célèbre « Paix » dont le nielle existe encore au Musée de Florence. Puis les écrivains allemands, fondant leur argumentation sur le Saint-Christophe d'art gothique de la collection de lord Spencer, daté de 1423, la firent remonter à cette date et lui donnèrent une origine allemande. Un document aussi précis avait paru trancher définitivement la question.

Bouchot n'admet pas qu'un problème aussi complexe puisse être résolu par la seule présence d'une date. C'est par l'examen des estampes dans leurs détails, des personnages qui y sont représentés, de leurs costumes, de leurs armements, qu'il estime qu'on doit déterminer l'époque où elles furent composées. L'on sait, en effet, que les artistes primitifs reproduisaient uniquement ce qu'ils avaient sous les yeux et, sans se préoccuper de couleur locale, donnaient aux scènes qu'ils représentaient le caractère de leur propre époque. Bouchot, partant de ce principe, compare les gravures les plus anciennes avec les œuvres de dates certaines qui nous restent du moyen âge. C'est ainsi que les soldats que l'on voit dans le bois Protat ont les casques et les armements semblables à ceux qui sont représentés dans les manuscrits français de la fin du XIVe siècle, et que la grande prostituée de l'Apocalypse xylographique est coiffée à la mode des dames de la cour de Charles V. Reprenant ainsi nombre de gravures et les étudiant dans leurs plus minutieux détails, Bouchot peut à bon droit affirmer que la gravure remonte à la fin du XIVe siècle, bien avant le Saint-Christophe de lord Spencer.

On ne peut néanmoins assigner à ses débuts une date précise, car l'estampe n'est née ni par hasard, ni par un effet de génie. Comme il arrive le plus souvent, ce ne fut, sous l'influence de conditions nouvelles, que l'application de procédés connus. Bouchot nous montre, en effet, que les procédés techniques qui devaient permettre l'exécution de l'estampe étaient employés depuis fort longtemps, avant que les conditions favorables à son développement lui permissent de naître. L'impression par matrice était pratiquée avant le XIVe siècle par divers corps de métiers, tant pour le gaufrage des cuirs que pour la fabrication des étoffes. La gravure proprement dite, en relief ou en creux, était un procédé dont se servaient tant les graveurs de sceaux et de fers pour reliures que les orfèvres et plus encore les maîtres tombiers, comme en témoignent tant d'œuvres remarquables qui dallent encore les églises des figures des chevaliers du XIVe et même du XIIIe siècle.

Mais pour que l'estampe pût exister, il était nécessaire d'avoir une matière sur laquelle on pût facilement la reproduire. Elle se fit attendre jusqu'à la fin du XIVe siècle, quand un bien-être relatif généralisa l'usage du linge de corps et que par suite l'abondance des chiffes permit la fabrication régulière du papier. Ainsi deux voies différentes amènent Bouchot à la même conclusion. Les dernières années du XIVe siècle, auxquelles, par l'étude du caractère des estampes, il fait remonter l'invention de la gravure, sont celles où le papier va la rendre possible.

Grâce à sa connaissance si complète de l'état social du moyen âge, Bouchot nous fait comprendre pourquoi aucun texte ne nous révèle l'existence des graveurs d'estampes. Les « syndicats ouvriers » de cette époque veillaient avec un soin jaloux sur leurs privilèges. Les statuts des corporations étaient si rigoureux que jamais les peintres enlumineurs n'auraient permis aux tailleurs de bois de tirer des épreuves sur papier, de les colorier, de les vendre. Quelques-uns ont pu le faire, mais c'est dans les cloîtres qu'il faut chercher le vrai berceau de la gravure.

Les moines s'adonnèrent à cet art nouveau, parce qu'ils virent dans cette imagerie un excellent moyen d'exciter la foi religieuse. Aussi ces premières pièces xylographiques ont-elles comme un air de famille et ne représentent-elles en général que des scènes de la Passion, de la vie des saints ou des messes de Saint-Grégoire munies de lettres d'indulgence. C'est donc la religion, dans la gravure comme dans les autres arts, qui inspira les premiers maîtres. Mais si, dans les tableaux qui nous restent du moyen âge, dans les enluminures des missels, l'artiste mettait toute son âme croyante à créer pour les demeures seigneuriales ces chefs-d'œuvre qui font notre admiration, les gravures n'étaient pour les moines qu'un moyen de propagation de la foi devant s'adresser aux humbles. De là leur caractère plus grossier, si on les compare aux peintures de l'époque.

L'étude scrupuleuse que fait Bouchot de la gravure primitive ne lui aurait pas donné tous les résultats qu'il en espérait, si elle ne lui avait pas permis d'en tirer la conclusion que l'estampe était d'origine française, car c'était là son principal objet. Parle-t-il des costumes, des armements, il les montre français de même que les paysages. Pour lui, le mot allemand de Formstecher, fabricant de formes ou matrices, révèle par sa composition même son origine française. Il recherche dans les archives tous les documents utiles à son argumentation et y trouve entre autres que le peintre Jean Malouel, de la cour de Bourgogne, en 1398, demande une table de laiton pour y tailler des estampes. Place-t-il les premiers ateliers de gravure dans les abbayes, il prouve qu'elles sont françaises : ce sont celles de la Fère, Cluny et Clairvaux. Les armes de Clairvaux se rencontrent fréquemment. Le bois Protat fut découvert, avec beaucoup de débris d'autres bois, dans un village situé près de l'abbaye de La Fère. Les papiers sur lesquels furent imprimées les premières gravures portent souvent comme marques le dauphin du Dauphiné ou la grappe de raisin de Bourgogne.

L'importance de ces grandes confréries était du reste considérable. Avec quel intérêt on suit Bouchot quand il entre dans les détails de toutes leurs magnificences, de celle de Cluny en particulier, si célèbre par la haute culture intellectuelle de ses moines. Ses ramifications s'étendaient sur l'Europe entière. Si l'on rencontre souvent sur les pièces xylographiques des inscriptions manuscrites indiquant des provenances d'abbayes allemandes, c'est que ces abbayes, filiales de Cluny, marquaient par ces sortes d'ex-libris tout le prix qu'elles attachaient à ces images de sainteté que le moine voyageur rapportait de la maison-mère.

A toutes ces considérations que suggère l'étude des documents, Bouchot vient en ajouter d'autres d'un caractère plus général. Si l'on compare le mouvement artistique du XVIe siècle en Bourgogne et en Allemagne, on voit que d'un côté la confusion règne partout, tandis que sous l'influence de ses ducs, la Bourgogne est un merveilleux centre artistique. Aux représentants de l'école de

Paris, le duc Philippe a réuni par son mariage avec l'héritière des Flandres, Marguerite, les artistes les plus distingués des écoles flamandes, et par lui la Bourgogne est le pays le plus brillant du XIVe siècle. La gravure, dans cette magnifique floraison d'art, a nécessairement sa place. De la Bourgogne elle rayonna dans les contrées avoisinantes et en particulier dans les fiefs placés sous la suzeraineté des ducs, et c'est quand ils devinrent empereurs d'Allemagne que l'on y voit les plus grands maîtres s'adonner à la gravure sur cuivre comme à celle sur bois. C'est l'époque où la puissante conception de Durer crée des œuvres de génie. Mais l'éclat de la gravure en Allemagne et en Italie ne doit pas nous faire oublier ses origines modestes. Il appartient à l'historien de rechercher la part qui revient à chaque pays. Bouchot a établi par des preuves décisives que c'est en France que l'on trouve les premiers essais de cet art qui devait en si peu de temps prendre un si grand essor.

Bouchot terminait à peine ses recherches sur les origines de la gravure, quand l'attention du monde artistique fut appelée sur l'exposition de Bruges. Cet ensemble incomparable lui permit d'acquérir une connaissance approfondie de la peinture primitive par l'étude des nombreux tableaux qui y figuraient. Se sentant sûr de lui-même, c'est vers cette partie si importante de l'histoire de l'art qu'il veut dès lors faire porter ses travaux. On avait méconnu pour la gravure la part que la France avait prise à cette invention. Pour la peinture, n'en était-il pas de même et ne donnait-on pas à l'école flamande des œuvres que nous étions en droit de réclamer?

Avec cet esprit pénétrant qu'il apporte dans toutes ses recherches, Bouchot observe que sur cinq cents tableaux qui figurent à l'exposition de Bruges, il n'y a d'attribution probable que pour une centaine. Au contraire, il y avait en France assez de documents pour établir avec certitude la provenance française de certaines pièces réputées jusqu'alors flamandes. Ainsi, dans l'œuvre de Van Eyck, figurait le *Buisson ardent* de la cathédrale d'Aix dont l'origine française était établie par des preuves indiscutables et dont l'on connaissait même l'auteur. Le *Triomphe de la Vierge* de Villeneuve-lès-Avignon et le *Retable de la famille Cadard* pouvaient se réclamer d'une origine aussi certaine. Pour d'autres tableaux comparés avec les enluminures des manuscrits français, leur ressemblance, dans le groupement des personnages, l'identité des procédés, témoigne d'une origine commune.

Une longue série d'observations amena Bouchot à la conviction qu'il peut aussi remettre en honneur la peinture française du moyen âge. Mais il comprit qu'il ne saurait en être pour elle comme pour l'estampe. Les livres seuls ne pourraient modifier l'opinion généralement admise. A l'exposition des primitifs flamands, il fallait opposer une exposition des primitifs français.

C'était une œuvre difficile à tenter avec un public prévenu en faveur de l'art flamand dont il venait d'admirer à Bruges tant de chefs-d'œuvre, les Van Eyck, Memling, Quentin Metsys et tant d'autres. En outre, comment parvenir à trouver un nombre suffisant d'œuvres dont l'origine ne pût être contestée, ce qui était nécessaire dans ces circonstances? Il ne se laisse pas rebuter par les difficultés de l'entreprise. Il s'y engage avec l'appui de vos confrères MM. Aynard et Berger, et, en 1904, il réussit à grouper un merveilleux ensemble qui fut une révélation de nos maîtres primitifs. C'est alors, Messieurs, que, reconnaissant les services réels rendus à notre art national, vous avez appelé à siéger parmi vous notre regretté confrère.

Dans les catalogues que Bouchot publie de l'exposition, il se montre si scrupuleux dans ses attributions, que son livre sert encore de base aux classifications actuelles dans les musées. Ultérieurement, pour compléter l'histoire de nos premières écoles, il publie le *Complément documentaire au Catalogue officiel de l'exposition des primitifs français*. C'est dans cet ouvrage surtout qu'il expose les évolutions par lesquelles a passé l'art de la peinture avant de trouver sa forme définitive. Il a fallu bien des tâtonnements avant que le peintre eût acquis la technique nécessaire pour composer et peindre un tableau. Au début, il n'est qu'un ouvrier du pinceau, comme l'appelle Bouchot, faisant partie des corporations, plus particulièrement de celle des tourneurs de bois, des selliers, comme on la nomme, où ils étaient employés à orner de couleurs les meubles que l'on fabriquait. Graduellement l'artisan arrive à se perfectionner dans son métier, et l'on peut déjà regarder comme des artistes les peintres qui décorent les coffrets d'entrelacs, de feuilles d'acanthe, avec des figures de grotesques ou de bêtes fantastiques, ou qui sur le fond d'or des châsses dessinent des figures de saints. Mais ce n'est que vers le milieu du XIIIe siècle que le peintre s'essaie sur un panneau de bois à peindre son premier tableau. C'est vers cette époque que se fonde l'école de Paris.

L'art qu'a créé l'ouvrier devenu un artiste lui est personnel. Il ne procède en aucune façon de celui qui, conservé jusqu'alors grâce aux monastères, n'était qu'un souvenir abâtardi du byzantin, ne représentant que des figures sans vie dans des attitudes rigides. C'est la nature que le peintre cherche à reproduire, telle qu'il la voit et la comprend, et c'est en lui-même qu'il trouve les sources de son inspiration; il invente les procédés qui lui en permettent la réalisation.

Les débuts de l'école de Paris sont obscurs. Les noms qui nous parviennent sont clairsemés, mais nous voyons l'importance qu'elle prend peu à peu, puisque déjà sous Philippe le Bel un peintre travaille pour le roi. A la fin du XIVe siècle les documents se multiplient et l'école s'affirme et grandit. Sous le roi Jean, le peintre Girard d'Orléans est logé au Louvre et l'on voit le duc de Bourgogne donner des sommes considérables pour des tableaux. C'est que nous sommes arrivés à la grande époque de l'expansion de l'art gothique. En 1391, Jean d'Orléans, peintre du roi, prête serment et est autorisé à créer la corporation de Saint-Luc. La seconde période commence alors avec les Fouquet et le Maître de Moulins. Mais les invasions anglaises portent un coup fatal à l'école parisienne. Les artistes quittent les centres de l'Ile de France et vont soit à Bourges, soit à Tours, soit dans la région d'Avignon où ils constituent de nouvelles écoles. Plusieurs même gagnèrent l'Italie, d'autres se retirèrent dans les Flandres et certains historiens, trompés par des similitudes incontestables, crurent trouver dans leurs œuvres une preuve de l'influence étrangère sur la France, alors qu'en vérité le mouvement était parti de notre pays. Telle fut la thèse que Bouchot démontra par l'étude la plus précise de la peinture primitive.

Dans l'ensemble des écrits sur le moyen âge, l'œuvre de Bouchot tient une place considérable. Elle se rattache à ce mouvement de l'érudition moderne qui, depuis quelques années, a repris ces études dans un esprit nouveau. Il ne s'agit pas seulement d'ajouter un chapitre à notre histoire artistique. C'est en quelque sorte jeter les bases de l'histoire des arts en France. Certes, la supériorité de la France dans les temps modernes n'était pas contestée. Tout le monde reconnaissait que, de la Renaissance jusqu'à nos jours, notre pays avait eu l'heureuse fortune d'être constant dans son développement artistique. A aucune époque sa personnalité ne se démentit. La Renaissance française ne ressemble en aucune façon à celle de l'Italie. C'est l'époque où l'architecture a créé chez nous les châteaux de la Loire, ces chefs-d'œuvre dont on ne trouve l'équivalent dans aucun autre pays. Se renouvelant à chaque siècle, dans des styles aussi variés que ceux de Louis XIV, Louis XV, Louis XVI, toutes les formes de l'art y brillèrent d'un incomparable éclat. De nos jours encore les artistes français servent de modèles à l'étranger. Ainsi, dans les temps modernes, de l'aveu de tous, la France a offert à l'admiration du monde les aspects les plus divers de la beauté artistique. Mais ce qui restait à établir, c'est l'importance du rôle de la France aux époques lointaines des origines. Loin de se mettre à l'école des autres pays d'Europe, dès le moyen âge son génie propre se manifeste. Pendant longtemps on nous avait présenté l'art français comme un splendide monument dont les fondations seraient faites de pierres venues de l'étranger. Bouchot fut de ceux qui nous apprirent qu'elles ont été tirées de notre propre sol, et son nom restera attaché à cette œuvre nationale.

Messieurs, l'œuvre de Bouchot est si considérable que c'est sur elle que j'ai cru devoir insister. Mais ce serait mal répondre à votre attente que de ne pas rappeler ici quelles sympathies sa physionomie charmante et forte, sa nature expansive et généreuse lui attirèrent de tous côtés. Son souvenir est resté trop vivace parmi vous pour qu'il me soit nécessaire d'en parler longuement. Il ne pensait pas que, pour se consacrer à la science, il fallût être morose et grave. Le charme de son commerce était invincible. Nul ne pouvait résister à cet entrain admirable, à cette gaieté qu'il avait tirée du sol de ses ancêtres et qui le rattachait à la vieille lignée des conteurs français. Soutenu par une bonne humeur inlassable, par une vigueur qui ne laissait pas présager cette trop brusque disparition, il ne connut pas d'autres joies que celles du travail ou du foyer familial, où il eut le bonheur de trouver en sa compagne une précieuse et dévouée collaboratrice. Bouchot a donné ainsi le modèle d'une vie de savant où les plus belles qualités de l'esprit s'unirent à celles du caractère et du cœur.

Paris. — Typographie de Firmin-Didot et Cie, impr. de l'Institut, 56, rue Jacob. — 47859.